HELENE LUDWIG

Mein schönstes Fest
Konfirmation

INHALT

LUIS
27.5.12
ANNE
▶54

Einladung zur Konfirmation

▶36
Miteinander
Fest
Religion
Kirche
Friede
Zukunft
Glauben
Beten
Gemeinschaft
Wir
Hoffnung
Gott
Singen
Einladung
Feiertag
Glück

Zu meiner
Konfirmation
herzlich ein
▸18

Mein schönstes Fest

Wenn ein Jugendlicher Konfirmation feiert, ist dies ein bedeutsamer Tag für die ganze Familie. Bei der Konfirmation wird der Jugendliche in die Gemeinschaft der Kirchengemeinde und damit der ganzen Kirche aufgenommen. Dieser kirchliche Anlass macht das Fest zu etwas ganz Besonderem. Es unterscheidet sich grundlegend von anderen Familienfesten. Für Eltern ist dies eine besondere Herausforderung. Sie wünschen ihrem Kind vor allem ein schönes Fest, das es noch lange in Erinnerung haben wird.

Dieses Buch will Ihnen helfen, mit schönen Karten und praktischen Textvorschlägen angemessen einzuladen und sich zu bedanken. Außerdem finden Sie hier schnelle, aber wirkungsvolle Tischdekorationen sowie Anregungen für Kerzen und Ideen, wie Sie die Erinnerung an diesen Tag festhalten können. Abgerundet wird dieser Ratgeber mit nützlichen Informationen zum Ablauf des Festes in der Kirche und im Kreis der Familie. Damit sind Sie auf dieses große Ereignis garantiert gut vorbereitet.

Ich wünsche Ihnen und Ihrem Konfirmanden einen gelungenen, harmonischen Festtag!

Ihre

Helene Ludwig

Wir feiern meine Konfirmation

Tief verwurzelt

im Glauben

MATERIAL
EINLADUNG

* Doppelkarte in Perlweiß metallic, Quadrat
* Tonkarton Starlight in Mint, 5,5 cm x 15,5 cm
* Prägekarton Struktura Leinen Pearl in Blattgrün, 7 cm x 7 cm
* Tonkarton Mi Teintes in Blanc
* Tonpapier in Perlweiß metallic, 15 cm x 29,7 cm (Einlegeblatt)
* Stempel: Wir feiern meine Konfirmation
* Stempelkissen in Farblos
* Embossingpulver in Platin
* Motivlocher: Ahornblatt, ca. ø 1,5 cm
* Taftband in Ivory, 1 cm breit, 40 cm lang
* doppelseitiges Klebeband, 6 mm breit
* doppelseitiges Schaumklebeband, 2 mm stark
* Bastelkleber
* Lochzange, ø 6 mm
* Pinzette

VORLAGE
Seite 62

Einladung

1 Stempeln Sie den Schriftzug auf die untere Hälfte der Kartenvorderseite und kleben Sie den Tonkarton Starlight mit dem Klebeband in die Mitte.

2 Das Einlegeblatt bedrucken, zuschneiden, falten und in die Karte legen. Nun stanzen Sie mit der Lochzange die beiden Löcher durch alle Schichten, ziehen das Band durch und binden eine schöne Schleife.

3 Den Stamm des Ahornbaums frei mit der Hand oder mithilfe der Vorlage ausschneiden und mit einem Stück Klebeband auf dem Prägekarton befestigen.

4 Geben Sie einen Tropfen Bastelkleber auf ein Reststück Karton. Um die Blätter für die Baumkrone anzukleben, empfehle ich Ihnen, immer ein Ahornblatt mit der Pinzette zu greifen, es über den Klebstofftropfen zu ziehen und locker auf seine Stelle zu legen. Der wasserhaltige Klebstoff wird das Papier etwas verwerfen und so dem Baum ein lebendiges Aussehen verleihen. Der Tonkarton Mi Teintes ist sehr stabil und nicht wasserempfindlich, da er – ursprünglich als Künstlerpapier konzipiert – zur Hälfte aus Baumwollfasern besteht.

Mein Tipp für Sie

Jeder Baum ein Unikat Jeder Ahornbaum ist ein Unikat, keiner gleicht dem anderen. Achten Sie darauf, nicht zu sehr die Vorlage kopieren zu wollen. Und weil die Bäumchen auch unterschiedlich sein dürfen, können Sie die Karten wunderbar gemeinsam mit allen Familienmitgliedern gestalten.

MATERIAL
MENÜKARTE

* Doppelkarte in Weiß metallic, DIN lang
* Tonkarton Starlight in Mint, 7 cm x 13 cm
* Prägekarton Struktura Leinen Pearl in Blattgrün, 6 cm x 6 cm
* Tonkarton Mi Teintes in Blanc
* Tonpapier in Weiß metallic, 20 cm x 20 cm (Einlegeblatt)
* Stempel: Menükarte
* Stempelkissen in Farblos
* Embossingpulver in Platin
* Motivlocher: Ahornblatt, ca. ø 1,5 cm
* Taftband in Ivory, 1 cm breit, 50 cm lang
* Lackmalstift in Blattgrün, 1–2 mm Strichstärke
* doppelseitiges Klebeband, 6 mm breit
* doppelseitiges Schaumklebeband, 2 mm stark
* Bastelkleber
* Pinzette

NAMENSSTEINE

* Glasnuggets in Weiß
* Lackmalstift in Blattgrün, 2–4 mm Strichstärke

VORLAGE
Seite 62

Menükarte

Bestempeln Sie die Karte und bringen Sie dann die einzelnen Teile wie abgebildet darauf an. Lesen Sie dazu auch die Anleitung der Einladungskarte auf Seite 7.

Namenssteine

Als Namensschild habe ich weiße Glasnuggets verwendet und mit dem Lackmalstift beschriftet. Auch klare Glasteile eignen sich für solche Platzanweiser. Lassen Sie sich vom aktuellen Angebot inspirieren.

EIN SCHÖNER TAG! DEIN PAPA
DANKE LEO
Die besten Wünsche Maria
Wünsch Dir was!! Tim
ALLES GUTE PASTOR BRAUN
FERDINAND
Gottes Segen
Pass gut auf Dich auf. Dani Uroma
Für meine große Kleine - Mama
Dein Bruder
Ohhöööö... Maik

Baum der Erinnerung

Hinterlegen Sie das Passepartout mit dem grünen Prägekarton. Vergrößern Sie die Vorlage für den Stamm auf die entsprechende Größe und bringen Sie ihn mit Schaumklebeband auf dem Passepartout an. Stanzen Sie so viele Blätter aus, wie Sie Gäste oder Gratulanten haben. Jeder Gast darf eines mit guten Wünschen beschriften und anschließend auf den Stamm kleben, sodass ein Baum entsteht.

Serviette mit Blüte

Eine edle Erscheinung: Die Stoffserviette wurde schmal zusammengelegt. Darauf liegt eine weiße Lisianthus-Blüte mit einem zum Reif gebundenen Ziergras-Halm.

MATERIAL BAUM DER ERINNERUNG

* Bilderrahmen in Weiß mit Passepartout in Weiß
* Prägekarton Struktura Leinen Pearl in Blattgrün
* Tonkarton Mi Teintes in Blanc
* Motivlocher: Ahornblatt, ca. ø 6,5 cm
* Lackmalstift in Blattgrün, 2–4 mm Strichstärke
* doppelseitiges Klebeband, 6 mm breit
* doppelseitiges Schaumklebeband, 2 mm stark

VORLAGE

Seite 62

MATERIAL

SCHÄCHTELCHEN

* Feinkartonage in Weiß mit Leinenstruktur: Box, Kubus, Schatztruhe oder Spitztüte
* Tonkarton Starlight in Mint
* Prägekarton Struktura Leinen Pearl in Blattgrün
* Stempel: Ein kleines Dankeschön
* Stempelkissen in Gold metallic
* Stempelkissen in Green Tea
* Motivlocher: Ahornblatt, ca. ø 1,5 cm
* Taftband in Ivory, 1 cm breit
* Satinband in Achatgrün, 3 mm und 6 mm breit
* Bastelkleber

Schächtelchen

1 Die vorgefertigten Faltschachteln müssen nur noch aufgerichtet und gefüllt werden. Der Schriftzug wird entweder direkt auf die Kartonage oder auf ein Stück Taftband gestempelt. Den Aufdruck sollten Sie einige Zeit trocknen lassen.

2 Die vorbereiteten Geschenkkartonagen können Sie nun wie abgebildet dekorieren. Entscheiden Sie sich für eine Variante oder fertigen Sie unterschiedliche Dankespräsente an. Ganz nach Lust und Laune!

Dankeschön!
Ein kleines Dankeschön!

Herzliche Einladung zur
KONFIRMATION

Zauberhafte Blütenpracht

in wunderbaren Farben

MATERIAL
EINLADUNG

* Doppelkarte in Lila metallic, E6
* Prägekarton Struktura Leinen Pearl in Zartgrün, 4 cm x 12,5 cm
* Tonkarton Mi Teintes in Violet, 13 cm x 17 cm
* Prägekarton Struktura Leinen Pearl in Zartlila, 12,6 cm x 16,6 cm
* Für die Blümchen: Tonkarton Mi Teintes in Violet, Myrtille, Aurore und Transparentpapier in Weiß
* Transparentpapier in Weiß, 17 cm x 23 cm (Einlegeblatt)
* Stempel: Herzliche Einladung zur Konfirmation
* Stempelkissen in Farblos
* Embossingpulver in Platin
* Motivlocher: Blümchen, ca. ø 1,5 cm und 2,5 cm
* Satinband in Flieder, 3 mm breit, 25 cm lang
* Voileband in Lila, 1,5 cm breit, 25 cm lang
* selbstklebende Halbperlen in Flieder, ø 2 mm
* doppelseitiges Klebeband, 6 mm breit
* Bastelkleber
* Lochzange, ø 6 mm
* Skalpell
* Lineal aus Aluminium mit rutschhemmender Unterseite

VORLAGE
Seite 61

Einladung

1 Übertragen Sie die Vorlage für Kreuz und Wiese auf die jeweiligen Prägekartons und schneiden Sie die Elemente aus. Kleben Sie das Kreuz mit dem Klebeband auf den Tonkarton in Violet und schneiden Sie die Konturen so nach, dass ein schmaler Rand zu sehen bleibt. Den Schriftzug auf das Kreuz stempeln.

2 Kleben Sie die Wiese und das Kreuz wie abgebildet mit Klebeband auf die Kartenvorderseite, stanzen Sie verschiedene Blüten aus und befestigen Sie sie jeweils mit ganz wenig Bastelkleber auf der Blütenmitte. Wer möchte, kann zuvor die Blütenblätter vorsichtig über ein Falzbein oder einen Messerrücken ziehen, sodass sie sich wölben und die Blüten mehr Volumen bekommen. Schließlich werden die Halbperlen angebracht.

3 Auf das Innenblatt den eigenen Einladungstext drucken, das Blatt in die Karte legen und alle Lagen an der gezeigten Stelle lochen. Die Karte mit den beiden Bändern verschließen.

Mein Tipp für Sie

Halbperlen aufkleben Die kleinen selbstklebenden Halbperlen lassen sich sehr einfach mit einer Pinzette verarbeiten. Im Fachhandel erhalten Sie Pinzetten mit abgeknickter Spitze, die sich hierfür besonders eignen.

MATERIAL

MENÜKARTE

* Tonkarton in Lila metallic, A4
* Prägekarton Struktura Leinen Pearl in Zartlila, 3,5 cm x 19 cm
* Prägekarton Struktura Leinen Pearl in Zartgrün, 7,5 cm x 19 cm
* Tonkarton Mi Teintes in Violet, 19 cm x 23 cm
* Für die Blümchen: Tonkarton Mi Teintes in Violet, Myrtille, Aurore und Transparentpapier in Weiß
* Stempel: Menükarte
* Stempelkissen in Farblos
* Embossingpulver in Platin
* Motivlocher: Blümchen, ca. ø 1,5 cm und 2,5 cm
* selbstklebende Halbperlen in Flieder, ø 2 mm
* doppelseitiges Klebeband, 6 mm breit
* Bastelkleber

TISCHKARTE

* Tonkarton in Lila metallic, 7 cm x 15 cm
* Prägekarton Struktura Leinen Pearl in Zartlila, 3 cm x 3 cm
* Prägekarton Struktura Leinen Pearl in Zartgrün, 3 cm x 3 cm
* Für die Blümchen: Tonkarton Mi Teintes in Violet, Myrtille, Aurore und Transparentpapier in Weiß
* Motivlocher: Blümchen, ca. ø 1,5 cm und 2,5 cm
* Motivlocher: Kreis, ø 2 cm
* Lackmalstift in Silber, 2–4 mm Strichstärke
* selbstklebende Halbperlen in Flieder, ø 2 mm
* doppelseitiges Klebeband, 6 mm breit
* Bastelkleber

Menükarte

Stempeln Sie den Schriftzug auf den Prägekarton und drucken Sie die Menüfolge auf den Tonkarton in Violett. Schneiden Sie dann alle Elemente auf die in der Materialliste angegebene Größe und kleben Sie sie wie abgebildet auf den lilafarbenen Tonkarton. Lesen Sie dazu auch die Anleitung für die Einladung auf Seite 15.

Tischkarte

1 Stanzen Sie jeweils an der schmalen Seite des Tonkartons einen Kreis mit dem Motivlocher aus und schneiden Sie vom Rand in den Kreis einen Schlitz. Danach dekorieren Sie das Schild wie für die Einladungskarte auf Seite 15 beschrieben und beschriften es mit dem Namen eines Gastes.

2 Nun das Schild wie abgebildet am Windlicht befestigen.

Mein Tipp für Sie

Zauberhafte Serviette Der Blütenstand einer Hortensie wurde in einem Blumenröhrchen raffiniert in die Serviette eingesteckt. Geschmückt werden die zarten Blüten von bunten Satinbändern.

MENÜKARTE
Als Aperitif:
Festtagsbowle „Fragolini"
Salat von Wildkräutern mit weißem Balsamico
mit gebratenen Stücken vom Lamm
Tomatenkraftbrühe mit Quarkklößchen
auf der Haut gebratener Bodensee-Zander
mit Paprika-Oliven-Ragout
Kalbsbries mit Schnittlauchsauce und Butternudeln
Limonencreme mit marinierten Erdbeeren
Julia

Zu meiner
ich Euch herzlich ein

Ein buntes Blütenmeer

verspricht einen wunderbaren Festtag

MATERIAL

EINLADUNG

- Doppelkarte in Blütenweiß, DIN lang quer
- Motivkarton Blütenmeer, 10,5 cm x 21 cm
- Transparentpapier in Hellgrün, 5,7 cm x 23 cm
- Stempel: Zu meiner Kommunion lade ich Euch herzlich ein
- Stempelkissen in Farblos
- Embossingpulver in Weiß
- Organdyband in Birkengrün, 2,5 cm breit, 35 cm lang
- doppelseitiges Klebeband, 6 mm breit
- doppelseitiges Schaumklebeband, 2 mm stark
- Silhouettenschere

Einladung

1 Kleben Sie den Motivkarton mit Klebeband auf die Kartenvorderseite.

2 Den Schriftzug auf das Transparentpapier stempeln, dieses auf die Karte legen, die überstehenden Enden nach hinten knicken und dort jeweils mit Klebeband befestigen.

3 Aus dem Motivkarton eine passende Blüte ausschneiden und mit einem kleinen Stück Schaumklebeband anbringen.

4 Das Band um die Karte oder nur um den Kartendeckel knoten.

MATERIAL

MENÜKARTE

* Tonkarton in Blütenweiß, 14 cm x 29,7 cm
* Motivkarton Blütenranken, 7 cm x 29,7 cm
* Transparentpapier in Hellgrün, 6 cm x 6 cm und 13 cm x 29 cm (Einlegeblatt)
* Stempel: Menükarte
* Stempelkissen in Farblos
* Embossingpulver in Weiß
* Organdyband in Birkengrün, 1 cm breit, 70 cm lang
* doppelseitiges Klebeband, 6 mm breit
* doppelseitiges Schaumklebeband, 2 mm stark
* Silhouettenschere
* Lochzange, ø 6 mm

SCHWIMMKERZEN

* Schwimmkerzen in verschiedenen Farben
* Kerzen-Pen in Weiß

Menükarte

1 Falten Sie den Tonkarton längs zu einer Doppelkarte und kleben Sie den Motivkarton mit dem Klebeband auf die Vorderseite.

2 Stempeln Sie den Schriftzug auf das Transparentpapier. Das Festmenü auf das Einlegeblatt drucken oder schreiben und mit dem Band in die Menükarte einbinden. Beim Verknoten der Bandenden das Textschild befestigen.

3 Für die weitere Dekoration können Sie wie bei der Einladungskarte einzelne Blüten ausschneiden und mit Schaumklebeband anbringen.

Schwimmkerzen

Schreiben Sie die Namen der Gäste in Großbuchstaben auf die Schwimmkerzen. Bevor Sie beginnen, stoßen Sie den geschlossenen Pen mehrfach mit dem Deckel auf die Tischplatte. Dadurch rütteln Sie eventuelle Luftblasen nach oben, also in den hinteren Teil des Pens. Luftbläschen würden den Schreibfluss unterbrechen.

FLORIAN
MAX
ELKE
PAUL
MARIE
ANNE
HELENE
Menü Karte

Einladung zur Konfirmation
LUFTPOST
LUFT
PAR AVION
Abs.
Frau

Lebendiger Glaube

wie ein Fisch im Wasser

MATERIAL
EINLADUNG

* Maulbeerpapier in Classicblue, A4
* Tonkarton Streifen in Blau, 10 cm x 21 cm
* Tonkarton Mi Teintes in Outremer, 13 cm x 16 cm
* Tonkarton in Classicblue, 2,5 cm x 13 cm
* Tonkarton in Blütenweiß, Kreis, ø 6,5 cm
* Tonpapier in Blütenweiß, 20 cm x 28,7 cm (Einlegeblatt)
* Stempel: Einladung
* Motivstempel: Beschwingter Fisch
* Stempelkissen in Farblos
* Embossingpulver in Silber
* Kordel in Classicblue, ø 2,6 mm, 35 cm lang
* 9 selbstklebende Halbperlen in Perlmuttweiß, ø 5 mm
* doppelseitiges Klebeband, 6 mm breit
* doppelseitiges Schaumklebeband, 3 mm stark

VORLAGE
Seite 62

Einladung

1 Das Maulbeerpapier zur Doppelkarte falten und den gestreiften Tonkarton mit Klebeband anbringen.

2 Übertragen Sie die Vorlagen auf den blauen, den dunkelblauen und den weißen Tonkarton und schneiden Sie die Teile aus.

3 Den Fisch auf die Hostie, den Schriftzug auf den Fuß des Kelchs stempeln. Die Hostie kleben Sie mit dem Klebeband auf den dunkelblauen Hintergrund, den Kelch auf die beiden anderen Elemente.

4 Die Kordel locker um den Kelchfuß knoten und das fertige Teil mit dem Schaumklebeband wie abgebildet auf der Einladungskarte befestigen. Schließlich die selbstklebenden Perlen anbringen.

Unser Tipp für Sie

Farbe verändern Für ein Mädchen können Sie diese Karte auch in Rot gestalten. Auf dem Foto sehen Sie ein Beispiel dafür unter der blauen Karte hervorlugen.

Knackige Blattsalate an einer
Franziska

MATERIAL MENÜKARTE

* Tonkarton Streifen in Blau, 9,9 cm x 21 cm
* Tonkarton in Blütenweiß, 9,9 cm x 21 cm und 4 cm x 6 cm
* Maulbeerpapier in Classicblue, 9,9 cm x 21 cm
* Tonkarton in Classicblue, 2,2 cm x 21 cm
* Transparentkarton in Weiß, 6 cm x 6,5 cm
* Stempel: Köstlichkeiten für Euch
* Motivstempel: Beschwingter Fisch
* Stempelkissen in Farblos
* Embossingpulver in Silber
* Kordel in Classicblue, ø 2,6 mm, 25 cm lang
* Musterbeutelklammern in Dunkelblau, ø 8 mm
* doppelseitiges Klebeband, 6 mm breit
* Lochzange, ø 6 mm
* Skalpell

Unser Tipp für Sie

Passende Tischdekoration Verwenden Sie dunkelblaue Servietten und binden Sie ein gestreiftes Band darum, sodass Sie unten etwas zusammengehalten werden. Als Tischkarte können Sie einen kleinen, runden Spiegel verwenden, den Sie mit einem weißen Lackmalstift beschriften. Dazu passt eine dunkelblaue Stumpenkerze sehr gut.

Menükarte

1 Zunächst stempeln Sie den Schriftzug wie abgebildet auf den dunkelblauen Tonkarton und kleben diesen auf den gestreiften Tonkarton. Der Fisch wird auf den Transparentkarton gestempelt.

2 Das kleine Stück vom weißen Tonkarton mit Klebeband anbringen und das vorbereitete Motivteil mit den Musterbeutelklammern befestigen.

3 Ihren persönlichen Text drucken Sie auf den weißen Tonkarton, legen alle Kartenteile übereinander, lochen sie und binden sie mit der Kordel zusammen.

MATERIAL
DANKESKARTE

* Tonkarton Streifen in Blau, 11 cm x 21 cm
* Transparentkarton in Weiß, 4 cm x 11 cm
* Tonkarton in Classicblue, 5 cm x 6,2 cm
* Tonkarton Mi Teintes in Outremer, 4,5 cm x 5,8 cm
* Transparentpapier in Weiß, 10 cm x 20 cm (Einlegeblatt)
* Stempel: Ein kleines Dankeschön
* Motivstempel: Beschwingter Fisch
* Stempelkissen in Farblos
* Embossingpulver in Silber
* Kordel in Classicblue, ø 2,6 mm, 45 cm lang
* doppelseitiges Klebeband, 6 mm breit
* doppelseitiges Schaumklebeband, 3 mm stark

PRO DANKESKERZE

* Stabkerze in Dunkelblau
* Kerzen-Pen in Weiß
* Transparentpapier in Weiß, 9 cm x 21 cm
* Band Stripes in Classicblue, 1 cm breit, 40 cm lang

Dankeskarte

1 Den blau gestreiften Tonkarton zu einer kleinen quadratischen Doppelkarte falten. Den Schriftzug auf das Transparentpapier, das Motiv auf das kleinere Tonkarton-Rechteck stempeln.

2 Legen Sie den Streifen Transparentpapier über die Doppelkarte. Die überstehenden Enden werden nach hinten geknickt und dort mit einem Streifen Klebeband befestigt.

3 Knoten Sie die Kordel um die Karte und kleben Sie das größere Tonkarton-Rechteck mit Schaumklebeband so darüber, dass man die Kordel darunter durchziehen kann, um die Dankeskarte zu öffnen.

4 Schließlich kleben Sie das bestempelte Tonkarton-Rechteck mit dem Klebeband auf die Karte.

Dankeskerzen

1 Schreiben Sie „Dankeschön" in Großbuchstaben auf die Kerze. Bevor Sie beginnen, stoßen Sie den geschlossenen Pen mehrfach mit dem Deckel auf die Tischplatte. Dadurch rütteln Sie eventuelle Luftblasen nach oben, also in den hinteren Teil des Pens. Luftbläschen würden den Schreibfluss unterbrechen.

2 Das Papier von Hand mit Dankesworten beschriften und mit dem Band um die Kerze binden.

Ein kleines Dankeschön
DANKESCHÖN
DANKESCHÖN

HERZLICHE EINLADUNG

Ich feiere meine Konfirmation

klare Formsprache

MATERIAL

EINLADUNG

* Motivkarton Streifen in Orange-Hellblau, 15 cm x 30 cm
* Tonkarton in Hellblau metallic, 5 cm x 15 cm
* Tonkarton Prägestreifen in Blütenweiß, 6 cm x 6 cm
* Tonkarton Mi Teintes in Orange, 6 cm x 8 cm
* Transparentpapier in Wasserblau, 14 cm x 29 cm (Einlegeblatt)
* Stempel: Herzliche Einladung
* Motivstempel: Bibel
* Stempelkissen in Farblos
* Embossingpulver in Silber
* Taftband in Zartblau, 1 cm breit, 40 cm lang
* doppelseitiges Klebeband, 6 mm breit
* doppelseitiges Schaumklebeband, 1 mm und 2 mm stark
* Skalpell
* Schneidematte

Karten

1 Den Motivkarton zur Doppelkarte falten.

2 Stempeln Sie den Schriftzug auf den hellblauen Tonkarton und kleben Sie ihn mit dem Klebeband auf die Einladungskarte. Das Motiv stempeln Sie auf den orangefarbenen Tonkarton, schneiden es wie abgebildet zu und kleben es mit Klebeband auf den weißen Tonkarton.

3 Ihren persönlichen Text drucken Sie auf das Innenblatt und legen es in die Karte. Mit dem Skalpell einen kleinen Schnitt in den Kartenfalz schneiden, das Band durch Einlegeblatt und Karte fädeln und die Enden auf der Vorderseite verknoten.

4 Schließlich das Motivteil mit dem Schaumklebeband anbringen.

MATERIAL MENÜKARTE

* Doppelkarte in Hellblau metallic, A5
* Motivkarton Streifen in Orange-Hellblau, 1,5 cm x 21 cm
* Prägekarton Streifen in Blütenweiß, 9,5 cm x 9,5 cm
* Tonpapier Welle in Orange, 9 cm x 9 cm
* Transparentpapier in Wasserblau, 20 cm x 28,7 cm (Einlegeblatt)
* Stempel: Menü – Guten Appetit
* Stempelkissen in Farblos
* Embossingpulver in Silber
* Taftband in Zartblau, 2,5 cm breit, 50 cm lang
* doppelseitiges Klebeband, 6 mm breit
* doppelseitiges Schaumklebeband, 2 mm stark

Menükarte

1 Den Schriftzug stempeln Sie auf das orangefarbene Quadrat. Es wird mit Klebeband auf den weißen Prägekarton geklebt.

2 Bevor Sie das Textschild mit Schaumklebeband auf der Menükarte anbringen, befestigen Sie den Streifen Motivkarton mit Klebeband.

3 Den Innentext auf das Einlegeblatt drucken und dieses in die Karte legen. Schließlich das Band anbringen.

Hinweis: Soll die Karte zu öffnen sein, ohne dass das Band entfernt werden muss, schneiden Sie im Falz in die Karte und das Einlegeblatt einen kleinen Schlitz und ziehen das Band dort hindurch. Lesen Sie dazu auch den Punkt „Umlaufende Bänder" in der hinteren Umschlagklappe.

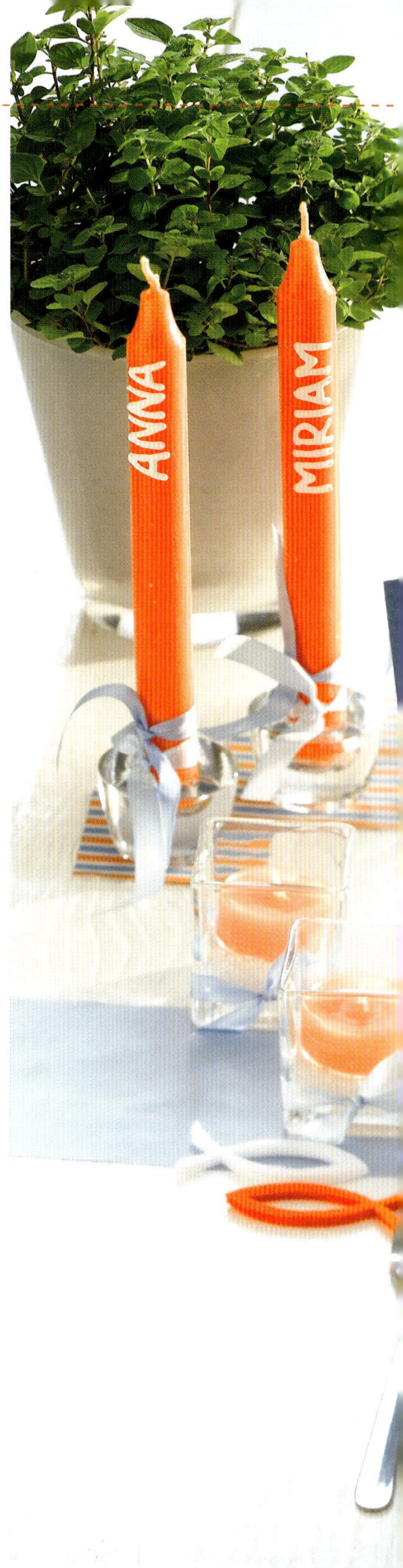

Mein Tipp für Sie

Passende Tischdekoration Auf dem Foto sehen Sie ein Beispiel für eine passende Tischdekoration. Eine hellblaue Dinner-Serviette (40 cm x 40 cm) und eine orange-weiß karierte Lunch-Serviette (33 cm x 33 cm) wurden versetzt aufeinandergelegt und zusammen mit zwei hellblauen Taftbänder umknotet. Die Plätze werden den Gästen von orangefarbenen Stabkerzen zugewiesen, die mit weißem Kerzen-Pen beschriftet wurden. Lesen Sie dazu auch die Anleitung zu den Kerzen auf Seite 26. Kleine Filz-Fische in Dunkelblau, Orange und Weiß runden diese Tischdekoration ab.

CHRISTIAN
THOMAS

Der Herr ist mein Hirte
Psalm 23

Der Herr ist unser Hirte

von guten Mächten wunderbar geborgen

MATERIAL
EINLADUNG

* Maulbeerpapier in Wollweiß, 14,8 cm x 29,7 cm
* Transparentkarton in Weiß, 7 cm x 14,8 cm
* Tonkarton in Blütenweiß, 14,8 cm x 14,8 cm
* Motivstempel: Der Herr ist unser Hirte
* Stempelkissen in Farblos
* Embossingpulver in Silber
* Edelbast in Weiß matt, 25 cm lang
* Lochzange, ø 6 mm

Einladung

1 Stempeln Sie das Motiv zentriert auf den Transparentkarton und beschriften Sie die Innenkarte – von Hand mit einem silberfarbenen Lackmaler oder Gelschreiber oder mit einem Drucker.

2 Das Maulbeerpapier falten und den Tonkarton in die Doppelkarte legen. Die beiden Löcher wie abgebildet stanzen.

3 Abschließend legen Sie den vorbereiteten Transparentkarton auf die Karte, stanzen die Löcher, und bringen den Bast an. Die Löcher nacheinander zu stanzen, ist dadurch, dass das Deckpapier transparent ist, problemlos möglich und wesentlich leichter.

Thorsten
Herr
ist mein
Hirte
Psalm 23
Charlotte
Buffet zur Konfirmation von Leonie

MATERIAL

MENÜKARTE

* transparentes Kuvert in Weiß, B6
* Tonkarton in Blütenweiß, 12 cm x 17 cm
* Edelbast in Weiß matt, 1 m lang

SERVIETTENRING

* Maulbeerpapier in Wollweiß, 6,5 cm x 21 cm
* Tonkarton Starlight in Dunkelgrau, 2 cm x 14 cm
* Transparentkarton in Weiß, 3,5 cm x 7 cm
* Stempel: Schön, dass Ihr da seid
* Stempelkissen in Farblos
* Embossingpulver in Silber
* Edelbast in Weiß matt, 1 m lang
* Lochzange, ø 6 mm

Mein Tipp für Sie

Passendes Windlicht Drucken Sie das Stempelmotiv der Einladungskarte auf einen weißen Transparentpapierstreifen. Kleben Sie den Streifen mit doppelseitigem Klebeband in Transparent um ein Windlicht und binden Sie zur Dekoration etwas Edelbast darum.

Menükarte

Bedrucken Sie den Tonkarton mit der Menüfolge und schneiden Sie ihn dann erst auf die in der Materialliste angegebene Größe. Die Karte in den Umschlag stecken und den Edelbast umbinden

Serviettenring

Bestempeln Sie den Transparentkarton und stanzen Sie seitlich ein Loch ein. Den dunkelgrauen Papierstreifen und die Schmalseiten des Maulbeerpapiers jeweils im gleichen Abstand zweimal lochen. Dann das Maulbeerpapier zusammen mit dem dunkelgrauen Streifen mit dem Edelbast zu einem Serviettenring zusammenbinden. Dabei wird das bestempelte Schild mit eingebunden.

Hinweis: Ein Kieselstein, der mit weißer Acrylfarbe bemalt wurde, macht sich gut als Träger des Namenschilds (siehe Foto links).

Miteinander
Fest
Religion
Kirche
Friede
Zukunft
Glauben
Beten
Gemeinschaft
Wir
Hoffnung
Gott
Singen
Einladung
Feiertag
Glück

Ein besonderes Fest

miteinander feiern

MATERIAL
EINLADUNG

* Crinklepapier metallic in Azurblau, 16,5 cm x 23 cm
* Prägekarton Struktura Leinen matt in Petrol, 2 x 1,5 cm x 16,5 cm
* Tonkarton in Classicblue, 5,5 cm x 7,5 cm
* Tonpapier Fabrizius in Hellblau metallic, 5 cm x 6,7 cm
* Tonkarton in Classicblue, 11 cm x 15 cm (Einlegeblatt)
* Stempel: Kreuz
* Stempelkissen in Farblos
* extrafeines Embossingpulver in Silber
* Kordel in Classicblue, ø 2,1 mm, 50 cm lang
* Lackmalstift in Silber, 1–2 mm Strichstärke
* doppelseitiges Klebeband, 6 mm breit
* doppelseitiges Schaumklebeband, 2 mm stark
* Lochzange, ø 3 mm

Einladung

1 Das Crinklepapier im Querformat nehmen und von der rechten und linken Seite jeweils ein Viertel nach vorn falten.

2 Stempeln Sie das Kreuz auf das hellblaue Tonpapier. Schneiden Sie es aus und kleben Sie es mit dem Klebeband auf den dunkelblauen Tonkarton. Nun schneiden Sie die Ränder so nach, dass ein schmaler Rand zu sehen bleibt.

3 Die beiden Prägekartonstreifen kleben Sie mit Klebeband auf die Kanten. Mit der Lochzange die zehn Löcher stanzen, die Kordel durchziehen und eine Schleife binden. Das vorbereitete Kreuz mit Schaumklebeband anbringen. Dabei auf jeder Kartenseite ein Stück Schaumklebeband verwenden und nur von einem Stück das Trägerpapier abziehen. So kann man die Karte öffnen, das Motiv liegt aber trotzdem gerade auf.

4 Das Einlegeblatt mit dem Lackmalstift beschriften und in die Karte schieben. Möchten Sie es lieber fixieren, kleben Sie es mit Klebeband in die Karte, bevor Sie diese mit der Kordel verschließen.

Variante

Auch für Mädchen ist dieser Entwurf sehr gut geeignet. Wählen Sie die angegebenen Papiere und Materialien einfach in verschiedenen Rosatönen und schon wird eine wundervoll mädchenhafte Karte daraus. Die Materialliste für diese Karte finden Sie auf Seite 38.

MATERIAL
SERVIETTENTASCHE

* Crinklepapier metallic in Azurblau, 11,5 cm x 33 cm
* Prägekarton Struktura Leinen matt in Petrol, 7 cm x 11,5 cm
* Tonkarton in Classicblue, 5,5 cm x 7,5 cm
* Tonpapier Fabrizius in Hellblau metallic, 5 cm x 6,7 cm
* Stempel: Kreuz
* Stempelkissen in Farblos
* extrafeines Embossingpulver in Silber
* Kordel in Classicblue, ø 2,1 mm, 2 x 50 cm lang
* Lackmalstift in Silber, 2–4 mm Strichstärke
* doppelseitiges Klebeband, 6 mm breit
* doppelseitiges Schaumklebeband, 2 mm stark
* Lochzange, ø 3 mm

VARIANTE EINLADUNG

* Crinklepapier metallic in Rosa, 16,5 cm x 23 cm
* Tonkarton Glimmer in Altrosa, 2 x 1,5 cm x 16,5 cm
* Prägekarton Struktura Leinen Pearl in Himbeer, 5,5 cm x 7,5 cm
* Tonpapier Fabrizius in Rosa metallic, 5 cm x 6,7 cm
* Prägekarton Struktura Leinen Pearl in Himbeer, 11 cm x 15 cm (Einlegeblatt)
* Stempel: Kreuz
* Stempelkissen in Farblos
* extrafeines Embossingpulver in Silber
* Satinband in Altrosa, 3 mm breit, 70 cm lang
* Lackmalstift in Silber, 1–2 mm Strichstärke
* doppelseitiges Klebeband, 6 mm breit
* doppelseitiges Schaumklebeband, 2 mm stark
* Lochzange, ø 3 mm

Serviettentasche

1 Falten Sie ein Drittel des Crinklepapiers nach oben, legen Sie den zuvor mit dem Namen eines Gastes beschrifteten Prägekarton darüber und lochen Sie alle Schichten entsprechend der Abbildung. Die beiden Kordelstücke durchziehen und verknoten.

2 Das Motivteil wird wie für die Einladungskarte auf Seite 37 beschrieben angefertigt.

Hinweis: Dieses Modell können Sie besonders gut mit Crinklepapieren umsetzen. Das Papier wird aus Textilfasern hergestellt und hat viel Volumen. Durch die besondere Zusammensetzung lässt es sich dennoch sehr gut falten und ist unempfindlich. Es ist in einigen edlen Farben erhältlich.

Fest
Religion
Kirche
Friede
Beten
Gemeinschaft
Wir
Gott
Singen
Glück
Paul Moritz

Konfirmation

So bunt wie das Leben

Glaube bekennt Farbe

MATERIAL
EINLADUNG

* Maulbeerpapier in Rot, 20 cm x 29,7 cm
* Tonkarton in Weiß, 6 cm x 21 cm
* Transparentpapier Blockstreifen in Bunt, 6 cm x 21 cm
* Transparentkarton in Weiß, 6,5 cm x 8,5 cm und 3,3 x 10,3 cm
* Tonpapier Artoline in Gelb, 5,7 cm x 7,7 cm
* Tonpapier Artoline in Gelb, 19 cm x 28,7 cm (Einlegeblatt)
* Stempel: Konfirmation
* Motivstempel: Bibel-Kelch-Ähre
* Stempelkissen in Farblos
* Embossingpulver in Weiß
* Taftband in Rot, 1 cm breit, 45 cm lang
* doppelseitiges Klebeband, 6 mm breit
* doppelseitiges Schaumklebeband, 1 mm stark
* Lochzange, ø 6 mm
* Skalpell

Einladung

1 Zunächst stempeln Sie das Motiv auf das gelbe Tonpapier und kleben es mit dem Klebeband auf den weißen Transparentkarton.

2 Das Maulbeerpapier falten und auf der Vorderseite den Streifen Tonkarton mit dem Klebeband befestigen. Das Transparentpapier über den Streifen legen, die überstehenden Enden nach hinten knicken und jeweils mit einem Stück Klebeband fixieren.

3 Nun stempeln Sie den Schriftzug auf das zweite Stück Transparentkarton und lochen es rechts oben.

4 Legen Sie das individuell beschriftete Einlegeblatt in die Doppelkarte. Das vorbereitete Motivteil oberhalb des Bandes anbringen.

5 Mit dem Skalpell einen kleinen Schlitz in den Kartenfalz etwas unterhalb der Mitte schneiden und das Taftband durchziehen. Die beiden Enden verknoten und dabei das Textschild einbinden.

MATERIAL

MENÜ-TISCHKARTE

* Reagenzglas, ø 3 cm, 19,5 cm lang
* Tonpapier Artoline in Gelb, A4
* Transparentpapier Streifen in Bunt, 4,5 cm x 10 cm
* Taftband in Rot, 1 cm breit, 40 cm lang
* Satinband in Himmelblau, 6 mm breit, 35 cm lang
* Satinband in Birkengrün, 3 mm breit, 30 cm lang
* Lackmalstift in Weiß, 2–4 mm Strichstärke

LICHTERTÜTEN

* Lichttüten aus nicht brennbarem Material
* Transparentpapier Blockstreifen und Streifen in Bunt
* Filzelemente „Christlicher Fisch" in passenden Farben
* Musterbeutelklammern in passenden Farben

Menü-Tischkarte

Beschriften Sie das Reagenzglas mit dem Lackmalstift. Drucken Sie das Menü auf das gelbe Tonpapier und geben Sie es aufgerollt in das Reagenzglas. Den Transparentpapierstreifen umlegen und anschließend die bunten Bänder umknoten.

Lichtertüten

Die Tüten wie abgebildet auf der Vorder- und Rückseite mit den angegebenen Materialien bekleben und ausgestalten.

Hinweis: Als Beleuchtung für die feuerfesten Lichttüten können Sie jede Kerze verwenden. Besonders schönes Licht geben Teelichter mit transparenter Hülle, die als sogenannte „Nightlights" auch mit acht Stunden Brenndauer erhältlich sind.

Anne Kathrin

Einladung zur Konfirmation

Mit Gott verbunden

Die Taube als Friedenssymbol

MATERIAL
EINLADUNG

* Doppelkarte in Champagner metallic, DIN lang
* Tonpapier Stream in Blau, 4,5 cm x 21 cm
* Tonkarton in Blau, 6 cm x 6 cm
* Tonkarton in Weiß metallic, 5 cm x 8 cm
* Transparentpapier in Vanille, 20 cm x 20 cm (Einlegeblatt)
* Stempel: Einladung zur Konfirmation
* Motivstempel: Flügelschlag
* Stempelkissen in Farblos
* Embossingpulver in Gold
* Kordel in Blau, ø 2 mm, 1,2 m lang
* doppelseitiges Klebeband, 6 mm breit
* doppelseitiges Schaumklebeband, 1 mm und 2 mm stark
* Skalpell
* Schneidematte

Einladung

1 Das Motiv wird auf den weißen Tonkarton gestempelt und mithilfe des Skalpells auf der Schneidematte wie abgebildet zugeschnitten. Den Schriftzug stempeln Sie direkt auf die Einladungskarte.

2 Das Tonpapier mit Klebeband anbringen. Den Einladungstext auf das Transparentpapier drucken, das Papier zuschneiden und in die Karte legen. Die Kordel um den Kartendeckel legen und eine schöne Schleife binden. Dabei wird das Einlegeblatt befestigt.

3 Das vorbereitete Motivteil mit Schaumklebeband auf das Tonkartonquadrat kleben und dieses ebenfalls mit Schaumklebeband so auf der Karte befestigen, dass die Kordel darunter durchgezogen werden kann.

„Ein beliebtes Symbol“

In der Bibel werden ungefähr 130 Tierarten erwähnt, der Taube kommt jedoch eine besondere Bedeutung zu. Wie eine Taube, heißt es in der Bibel, sah Jesus bei seiner Taufe den Geist auf sich herabkommen. Daher wurde die Taube zu einem Zeichen des Heiligen Geistes. Die Taube als Symbol des Friedens hat ihren Ursprung in der Taube, die Noah nach der Sintflut in ihrem Schnabel ein frisches Ölblatt überbrachte. Der Ölzweig verhieß neues Leben und ist ein Zeichen des Friedens zwischen Gott, der Schöpfung und Noahs Nachkommen.

MATERIAL
MENÜKARTE

* Doppelkarte in Weiß metallic, A5
* Tonpapier Stream in Blau, 5 cm x 21 cm
* Tonkarton in Blau, 4 cm x 10 cm
* Tonkarton in Champagner metallic, 13 cm x 19 cm (Einlegeblatt)
* Stempel: Menükarte
* Motivstempel: Flügelschlag
* Stempelkissen in Farblos
* Embossingpulver in Gold
* Embossingpulver in Transparent
* Kordel in Blau, ø 2 mm, 1,6 m lang
* doppelseitiges Klebeband, 6 mm breit
* Lochzange, ø 6 mm

Menükarte

1 Drucken Sie Ihren individuellen Text auf den Tonkarton in Champagner und lassen Sie am oberen Rand einen etwa 6 cm hohen Rand frei. Das Motiv danach in den Randbereich stempeln (Embossingpulver in Gold).

2 Den Schriftzug auf den blauen Tonkarton stempeln (Embossingpulver in Transparent) und diesen auf der linken Seite lochen.

3 Vom Deckel der Doppelkarte einen etwa 7 cm breiten Streifen abschneiden und die Karte links und rechts mit Klebeband verschließen. Das Tonpapier ebenfalls mit Klebeband anbringen.

4 Schließlich wickeln Sie die Kordel um die Karte, binden eine schöne Schleife und befestigen dabei das Textschild.

Menükarte

GOTT
LEBEN
GLAUBE
FREUNDE
FEST
MUSIK
FAMILIE
GEBET
KIRCHE
WIR
FEIERN

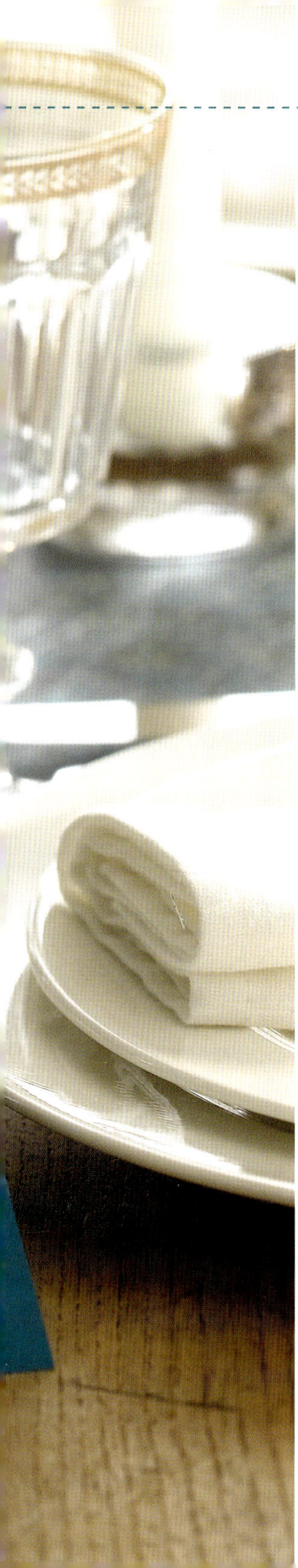

Im Zeichen des Ichthys

das beliebte Symbol ganz modern

MATERIAL
EINLADUNG

* Prägekarton Struktura Leinen in Petrol, 16,5 cm x 23 cm
* Prägekarton Struktura Leinen Pearl in Azur, 6 cm x 15,5 cm
* Tonkarton Glimmer in Azur, 4,5 cm x 13 cm
* Tonkarton in Weiß metallic, 3,8 cm x 11,8 cm
* Tonkarton Mi Teintes in Azur, 13 cm x 15 cm (Einlegeblatt)
* Transparentpapier in Aquamarin, Türkis, Pastellgrün und Weiß
* Stempel: Christliche Einladung
* Stempelkissen in Farblos
* Embossingpulver in Silber
* Motivlocher: Fisch, ca. 3,5 cm lang
* Stickgarn in Petrol, 1,6 m lang
* selbstklebende Kristalle in Kristall, ø 2 mm
* doppelseitiges Klebeband, 3 mm breit
* doppelseitiges Schaumklebeband, 1 mm und 2 mm stark
* Bastelkleber

Einladung

1 Den Prägekarton wie abgebildet 9 cm vom linken Rand entfernt falten und die obere und untere Kante mit Klebeband verschließen. Den Prägekarton in Azur ebenfalls mit Klebeband auf der Karte befestigen.

2 Nun wickeln Sie das Stickgarn um die Karte und verknoten die beiden Enden auf der Rückseite. Aus den Transparentpapieren mit dem Motivlocher Fische ausstanzen, diese jeweils mit ganz, ganz wenig Bastelkleber am Stickgarn fixieren und die Kristalle als Augen anbringen.

3 Das Motiv auf den weißen Tonkarton stempeln und diesen mit 1 mm starkem Schaumklebeband auf den Glimmerkarton kleben. Das fertige Motivteil mit einem Streifen 2 mm starkem Klebeband auf der Karte fixieren.

4 Den Einladungstext auf den Tonkarton drucken und in die Kartenhülle schieben.

Menükarte

1 Zunächst falten Sie den Streifen Prägekarton zu einer Doppelkarte. Von der Vorderseite knicken Sie einen etwa 2,5 cm breiten Streifen nach vorn. Die Seiten der Tasche nun mit Klebeband rechts und links verschließen.

2 Den Schriftzug auf den Tonkarton in Weiß stempeln und den Papierstreifen mit Klebeband anbringen. Ebenfalls mit Klebeband werden der Prägekarton in Azur und der Tonkarton Glimmer befestigt.

3 Wickeln Sie das Stickgarn um die Menükarte und dekorieren Sie sie mit den Fischen wie für die Einladungskarte auf Seite 49 beschrieben.

4 Ihr Festmenü drucken Sie auf den Tonkarton Mi Teintes. Er wird an der oberen Kante gelocht, mit dem Band versehen und in die fertige Tasche geschoben.

Foto-Tischkarte

Rahmen Sie Bilder Ihre Kindes aus verschiedenen Jahren mit kleinen preiswerten Bilderrahmen ein. Mit dem Lackmalstift können Sie den Namen der Gäste entweder auf den Rahmen schreiben oder auf das Glas. Wenn an jedem Platz ein anderes Bild steht, ist für reichlich Gesprächstoff gesorgt. Die Bilder sind erfahrungsgemäß auch ein begehrtes Give-away.

MATERIAL

MENÜKARTE

* Prägekarton Struktura Leinen in Petrol, 16,5 cm x 23 cm
* Prägekarton Struktura Leinen Pearl in Azur, 6,5 cm x 15 cm
* Tonkarton Glimmer in Azur, 0,5 cm x 15 cm
* Tonkarton in Weiß metallic, 1,8 cm x 16,5 cm
* Tonkarton Mi Teintes in Azur, 10 cm x 15 cm (Einlegeblatt)
* Transparentpapier in Aquamarin, Türkis, Pastellgrün und Weiß
* Stempel: Menükarte
* Stempelkissen in Farblos
* Embossingpulver in Silber
* Motivlocher: Fisch, ca. 3,5 cm lang
* Stickgarn in Petrol, 1,3 m lang
* Band Sheer in Aquamarin, 2,5 cm breit, 20 cm lang
* selbstklebende Kristalle in Kristall, ø 2 mm
* doppelseitiges Klebeband, 3 mm breit
* Bastelkleber
* Lochzange, ø 6 mm

FOTO-TISCHKARTE

* Bilderrahmen für ein Foto der Größe 9 cm x 13 cm
* Fotos des Konfirmanden, 9 cm x 13 cm
* Prägekarton Struktura Leinen Pearl in Azur
* Lackmalstift in Weiß, 2–4 mm Strichstärke

MENÜKARTE
Oma

MATERIAL
GESCHENKSCHACHTELN

* Feinkartonage in Weiß mit Leinenstruktur: Box, Kubus, Schatztruhe, Tasche oder Spitztüte
* Transparentpapier in Aquamarin und Türkis
* Tonkarton Glimmer in Azur
* Prägekarton Struktura Leinen Pearl in Azur
* Stempel: Dankeschön! Wir haben uns sehr gefreut.
* Stempel: Herzlichen Dank
* Stempelkissen in Silber metallic
* Motivlocher: Christlicher Fisch, ca. ø 2,5–3,5 cm
* Band Sheer in Türkis, 2,5 cm breit
* Satinband in Aqua, 3 mm und 6 mm breit
* doppelseitiges Klebeband, 6 mm breit

Geschenkschachteln

1 Die vorgefertigten Faltschachteln müssen nur noch aufgerichtet und gefüllt werden. Der Schriftzug wird entweder direkt auf die Kartonage oder auf ein Stück Band gestempelt. Den Aufdruck sollten Sie einige Zeit trocknen lassen.

2 Die vorbereiteten Geschenkkartonagen können Sie nun wie abgebildet dekorieren. Entscheiden Sie sich für eine Variante oder fertigen Sie unterschiedliche Dankespräsente an. Ganz nach Lust und Laune!

haben uns sehr gefreut
Dankeschön!
uns sehr gefreut.

LUIS
27.5.12
ANNE

Kerzen gestalten

Schöne Kerzen für die Konfirmation können Sie selbst gestalten. Kerzenrohlinge sind in verschiedenen Größen im Fachhandel erhältlich. Bei den Kerzen sollten Sie auf die Qualität achten. Gute Kerzen werden aus hochwertigen Rohstoffen hergestellt und brennen langsam, gleichmäßig und ohne Rußbildung ab.

Für die Dekoration erhalten Sie im Fachhandel eine Vielzahl unterschiedlicher Materialien.

Verzierwachs-platten

Aus den in vielen verschiedenen Farben erhältlichen Platten können einzelne Elemente mit einem Skalpell ausgeschnitten werden. Die ausgeschnittenen Teile werden einfach auf die Kerze gelegt und haften in der Regel lediglich durch Handwärme.

Sie können Motivteile auch mit einem Motivlocher ausstanzen. Dafür sollten Sie die Wachsplatte vorher im Gefrierschrank kühlen, damit das Wachs härter ist. Beim Stanzen können Sie den Motivlocher nach oben halten und gegebenenfalls das Motiv mit dem Skalpell oder Zahnstocher ablösen.

Auch Backausstecher eignen sich zur Herstellung von Einzelteilen.

Verzierwachs-elemente

Zur Dekoration der Kerzen sind auch verschiedene Dekoelemente erhältlich: Streifen, Perlstreifen, christliche Symbole, Blätter, Ranken, Buchstaben, Zahlen und vieles mehr. Sie werden ebenfalls lediglich mit Handwärme auf der Kerze angebracht.

Hinweis: Buchstaben oder Zahlen werden oft auf einer Pappe montiert angeboten. Die Pappe feuchten Sie auf der Rückseite mit Wasser an. Nach etwa 10 Sekunden lässt sich das Wachsteil ganz leicht abnehmen.

Farbe

Sie können Kerzen auch mit flüssiger Farbe gestalten. Es gibt spezielle Kerzenmalfarben (Kerzen-Pen), die entweder vermalt oder – zum Beispiel für die Namen auf Seite 30/31 – direkt aus der Flasche mit ihrer Tülle aufgetragen werden. Zum Malen können Sie auch Acrylfarben 1:1 mit Kerzenmalmedium vermischen. Damit habe ich selbst sehr gute Erfahrungen gemacht.

Gemalt werden kann auf eine sogenannte Transferwachsplatte. Sie ist transparent und wird wie jede andere Verzierwachsplatte auf der Kerze angebracht, sobald das gemalte Motiv trocken ist. So kann einerseits auf einem nicht gewölbten Untergrund gemalt werden und andererseits einfach ein zweites Stück bemalt werden, sollte ein Versuch misslingen. Unter die transparente Wachsplatte kann auch eine Vorlage gelegt werden.

Für lebhafte Farbflächen können Sie einen härteren Borstenpinsel verwenden. Sollen die Flächen gleichmäßiger werden, wählen Sie einen weichen Haarpinsel. Wer möchte, kann die Farbe auch mit einem Schwamm auftupfen.

Kristalle

Funkelnde Lichtpunkte auf der Kerze wirken zauberhaft. Im Fachhandel sind Kristalle mit Spitze erhältlich, die man einfach an der gewünschten Stelle ins Wachs drücken kann. Wenn ein Schutzlack verwendet wird, die Kristalle erst danach aufbringen.

Lack

Die fertig gestaltete Kerze können Sie mit einem Kerzenlack zum Streichen oder Sprühen schützen. Fingerabdrücken wird damit vorgebeugt, die Kerze vergilbt nicht so schnell und glänzt gleichmäßig.

Vorlagen

Die Vorlage können Sie auf eine Wachsplatte legen und die Konturen mit einem geeigneten Gegenstand, wie zum Beispiel einer Stricknadel, nachfahren. Danach wird die Vorlage abgenommen und das Wachs mit einem Skalpell ausgeschnitten.

Für gerade Linien kann ein Lineal zu Hilfe genommen werden.

Symbole und ihre Bedeutung

Kerze

Symbol der Liebe Gottes. So wie ihr Wachs durch die Flammen verzehrt wird, damit die Kerze uns Licht spenden kann, so hat sich Christus für hingegeben, um uns erlösen zu können.

Kreuz

Das Kreuz ist das zentrale Symbol des christlichen Glaubens und Hoffens. Es erinnert an den Tod Jesu am Kreuz und an seine Auferstehung und stellt damit auch die Verbindung zwischen dem Weltlichen und dem Göttlichen dar.

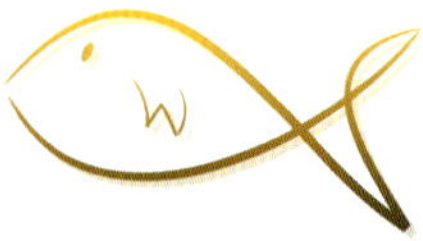

Fisch

Erkennungszeichen der ersten Christen. Die Anfangsbuchstaben des griechischen Wortes „ichthys“ heißen übersetzt „Jesus Christus, Sohn Gottes, Erlöser“.

Taube

Symbol des Heiligen Geistes. Sie ist neben dem Lamm eines der ältesten christlichen Symbole und wurde zum Sinnbild für Hoffnung und Frieden.

Wir feiern Konfirmation

Die Konfirmation kennzeichnet in der evangelischen Kirche der Übergang in eine neue Lebensphase, vom Kindsein zum Erwachsenensein. Die Jugendlichen haben mit der Konfirmation neue Rechte: Sie dürfen eine Patenschaft übernehmen und sie sind ein vollwertiges Mitglied der Kirchengemeinde.

Die Feier der Konfirmation ist ein großer Tag, den Ihre Tochter oder Ihr Sohn im Kreis der ganzen Familie feiert. Die Vorbereitungen beginnen daher meist schon weit vor diesem Tag. Und sie sind nicht immer ganz einfach, da Ihr Kind sicherlich in viele Entscheidungen mit einbezogen werden will.

Die Vorbereitungen

Wo wird gefeiert? – Überlegen Sie frühzeitig, wo Sie feiern möchten: zuhause oder in einem Restaurant? Restaurants sollten Sie frühzeitig buchen. Zuhause sollten Sie hingegen sicherstellen, dass das Menü gut vorbereitet werden kann – am Tag der Konfirmation werden Sie keine Zeit dazu haben. Oder lassen Sie einen Teil der Speisen z. B. von einem Partyservice liefern.

Wer wird eingeladen? – Meist ist der Kreis der geladenen Gäste eher klein. Zu den Eltern, Großeltern und Geschwistern werden die Paten und die besten Freunde des Konfirmanden eingeladen. Auch Onkel, Tanten und gute Freunde der Familie sind häufig mit dabei.

Was ist die angemessene Kleidung? – Nicht selten haben hier die Konfirmandinnen und Konfirmanden eine genaue Vorstellung. Fest steht, dass sie an diesem besonderen Tag gut gekleidet sein wollen, chic und stylisch. Da die Kirche keine Kleiderordnung vorgibt, ist der Spielraum entsprechend groß. Ob Rock oder Hose, Mädchen oder Junge: Achten Sie darauf, dass die Kleidung dem festlichen Anlass entspricht. Die Konfirmation ist keine Glamour-Party und keine Sportveranstaltung. Auf Minirock und Turnschuhe kann also verzichtet werden.

Die Feier in der Kirche

Die Konfirmation wird im Rahmen eines Gottesdienstes gefeiert, den die Konfirmandinnen und Konfirmanden aktiv mitgestalten. Das erste Abendmahl der Konfirmanden findet in vielen Gemeinden nicht am Tag der Konfirmation statt. Häufig wird dieses am Abend zuvor oder am Sonntag danach gefeiert. Manche Kirchen bieten eine ökumenische Abendmahlsfeier an, sodass auch Freunde und Verwandte, die nicht der evangelischen Konfession angehören, daran teilnehmen können.

Die Feier in der Familie

Wie Sie das Fest im Kreis der Familie feiern, bleibt Ihren eigenen Vorstellungen überlassen. Hier gibt es kein Richtig oder Falsch. Viele beginnen mit einem kleinen Stehempfang zuhause, der den Gästen Gelegenheit zum Gratulieren und zum Überreichen der Geschenke gibt.

Beim anschließenden gemeinsamen Mittagessen können Sie, wenn Sie und Ihr Kind es möchten, ein Tischgebet sprechen. Auch eine kleine Tischrede kann dem Beisammensein einen besonderen Stellenwert geben. Meist wird sie vom Vater oder vom Taufpaten gehalten.

Nach dem Mittagessen dauert es meist etwas, bis der Nachmittagskaffee ansteht. Überlegen Sie sich, wie Sie diese Zeit überbrücken können. Machen Sie zum Beispiel einen kleinen Spaziergang, tragen Sie die schönsten oder lustigsten Momente aus dem Leben des Konfirmanden zusammen oder bereiten Sie ein paar Spiele vor, die die Festgesellschaft unterhalten.

Am Abend können Sie das Fest durch eine kleine Gemeinschaftsaktion beschließen: Lassen Sie Luftballons mit guten Wünschen steigen oder gestalten Sie ein Album. So wird Ihre Tochter bzw. Ihr Sohn diesen Tag noch in vielen Jahren in guter Erinnerung haben.

Danke sagen

Auf jeden Fall sollten Sie allen Gratulanten und Helfern Danke sagen. Bereiten Sie dazu kleine Geschenke oder entsprechende Karten vor. Besonders aufmerksam ist es, wenn Sie notieren, wer was geschenkt hat, und in der Danksagung darauf eingehen. Auch der alte Brauch, Konfirmandenbrot als Dank zu verschenken, lebt an dem einen oder anderen Ort wieder auf. Konfirmandenbrot ist ein kleines Kuchenpaket, dass der Konfirmand als Dankeschön nach dem Fest persönlich verteilt.

Formulierungshilfen

Einladungstexte

Liebe Martina, lieber Stephan,

zur Feier meiner Konfirmation möchte ich Euch bitten, mich am 24. April 2011 um 10 Uhr in die evangelische Kirche in Mörsfeld zu begleiten.

Nach dem Gottesdienst findet ein gemütliches Beisammensein in unserem Hause statt.

Ich freue mich auf Euch!

Eure Janine

Zur Konfirmation unseres Sohnes Jannik laden wir herzlich ein.

Der Gottesdienst findet in der Stadtkirche in Kirchheim am 8. Mai 2011 um 10 Uhr statt.

Im Kreise unserer Freunde und Verwandten feiern wir anschließend bei uns zuhause in der Goethestraße 15.

Über euer/dein Kommen würden wir uns sehr freuen.

Angela und Andreas Hauser

Konfirmation von Annika

Wir freuen uns sehr, wenn Ihr diesen besonderen Tag unserer Tochter mit uns feiert.

Am 6. Mai 2012
um 10 Uhr
Martinskirche,
Plieningen

Ab 13 Uhr
Café Schönblick,
Stuttgart

Ursula und Andreas Haller

Um Antwort wird gebeten bis zum 8. April 2012.
Tel. 0711/123 456 00.

Einladung zur Konfirmation!

Am 13. Mai 2012 ist die Konfirmation unsres Sohnes Sebastian.

Wir freuen uns sehr, wenn Ihr diesen besonderen Tag mit uns feiert.

Um 10 Uhr	Ab 13 Uhr
Sophienkirche	Sophieneck
Hamburger Str. 29	Hamburger Straße 37
10115 Berlin	10115 Berlin

Um Antwort wird gebeten bis zum 8. April 2012.

(030/987 654 00)

Hanna und Eric Marquardt

Danksagungstexte

Liebe Tante Rose!

Danke, dass du an mich gedacht hast.
Danke, für die schönen Ohrringe. Du hast meinen Geschmack genau getroffen!
Dank, du hast mir eine sehr große Freude damit gemacht.

Deine Ina

Sehr geehrte Frau Wenzel,

schön, dass Sie an meinem großen Tag mit uns gefeiert haben. Für die lieben Glückwünsche und das großzügige Geschenk möchte ich aufs Herzlichste Danke sagen – auch im Namen meiner Eltern!

Ihr Sebastian

Liebe Annette,

vielen Dank für die lieben Glückwünsche und Geschenke zu meiner Konfirmation. Ich habe mich sehr darüber gefreut. Dieser Festtag wird mir immer in Erinnerung bleiben!

Herzliche Grüße
Carolina

Lieber Alexander!

Ich möchte mich bei dir von ganzem Herzen für die guten Wünsche und dein kleines Präsent bedanken. Schön, dass du an mich gedacht hast!

Dein Marvin

Es war toll, dass Ihr mich zu meiner Konfirmation begleitet habt. Vielen Dank für die guten Wünsche und die Geschenke.

Alina

Danke ... für die guten Wünsche ... für die vielen Aufmerksamkeiten ... für die vielen Geschenke ... für die originellen Überraschungen ... für die Blumen und Grüße!

Herzlichen Dank allen, die meine Konfirmation zu einem unvergesslichen Erlebnis werden ließen. Auch im Namen meiner Eltern.

Lena

Sprüche und Bibelzitate

Der Herr segne dich und behüte dich; der Herr lasse sein Angesicht leuchten über dir und sei dir gnädig; der Herr hebe sein Angesicht über dich und gebe dir Frieden. (4. Mose 6, 24–26)

Herr, deine Güte reicht, so weit der Himmel ist, und deine Wahrheit, so weit die Wolken gehen. (Psalm 36, 6)

Mein Herz ist fröhlich in dem Herrn. (1. Samuel 2, 1)

Wenn ihr mich von ganzem Herzen suchen werdet, so will ich mich von euch finden lassen. (Jeremia 29, 12–13)

Der Herr ist mein Hirte, mir wird nichts mangeln. (Psalm 23, 1)

Der Herr ist mein Licht und mein Heil; vor wem sollte ich mich fürchten? Der Herr ist meines Lebens Kraft; vor wem sollte mir grauen? (Psalm 27, 1)

Ich bin das Licht der Welt. Wer mir nachfolgt, wird nicht wandeln in der Finsternis, sondern wird das Licht des Lebens haben. (Johannes 8, 12)

Herr, zeige mir deine Wege und lehre mich deine Pfade! (Psalm 25, 4)

Auf Gott hoffe ich und fürchte mich nicht. (Psalm 56, 12)

Alle Dinge sind möglich dem, der da glaubt. (Markus 9, 23)

Gott ist die Liebe; wer in der Liebe bleibt, bleibt in Gott und Gott in ihm. (1. Johannes 4, 16)

Ich aber traue darauf, dass du so gnädig bist; mein Herz freut sich, dass du so gerne hilfst. (Psalm 13, 6)

Und ob ich schon wanderte im finsteren Tal, fürchte ich kein Unglück; denn du bist bei mir, dein Stecken und Stab trösten mich. (Psalm 23, 4)

Schaffe in mir, Gott, ein reines Herz, und gib mir einen neuen, beständigen Geist. (Psalm 51, 12)

Weise mir, Herr, deinen Weg, dass ich wandle in deiner Wahrheit. (Psalm 86,11)

Lass meinen Gang in deinem Wort fest sein und lass kein Unrecht über mich herrschen. (Psalm 119, 133)

Ich bin der Herr, dein Gott, der deine rechte Hand fasst und zu dir spricht: Fürchte dich nicht, ich helfe dir. (Jesaja 41, 13)

Wo aber der Geist des Herrn ist, da ist Freiheit. (2. Korinther 3, 17)

Lasst uns nicht lieben mit Worten noch mit der Zunge, sondern mit der Tat und mit der Wahrheit. (1. Johannes 3, 18)

Denn so hoch der Himmel über der Erde ist, lässt er seine Gnade walten über denen, die ihn fürchten. (Psalm 103, 11)

Zauberhafte Blütenpracht
SEITE 14

Einladung

Lebendiger Glaube

SEITE 22

Einladung

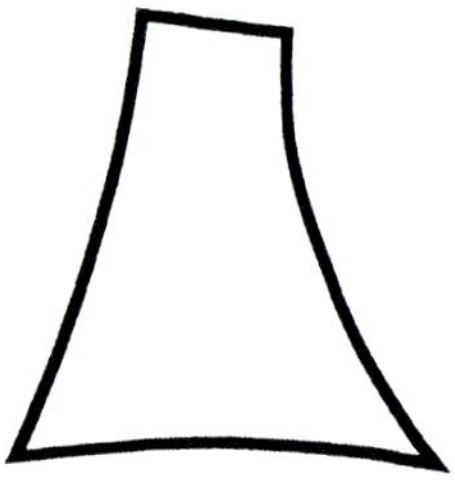

Tief verwurzelt

SEITE 6+8+10

Einladung

Menükarte

Baum der Erinnerung

Buchtipps für Sie

TOPP 5116
ISBN 978-3-7724-5116-4

TOPP 5280
ISBN 978-3-7724-5280-2

TOPP 5170
ISBN 978-3-7724-5170-6

TOPP 5633
ISBN 978-3-7724-5633-6

TOPP 5590
ISBN 978-3-7724-5590-2

TOPP 5562
ISBN 978-3-7724-5562-9

TOPP 3737
ISBN 978-3-7724-3737-3

TOPP 3828
ISBN 978-3-7724-3828-8

Bastelideen für Sie

Familienfeste sind ganz besondere Feste. In diesen Büchern finden Sie zahlreiche Anregungen und kreative Ideen, um Ihren feierlichen Anlässen den passenden Rahmen zu geben. Verbringen Sie einen unvergesslichen Tag!

Helene Ludwig, Jahrgang 1972, ist in der Nähe von Karlsruhe zuhause. Bereits während ihres Studiums arbeitete sie in und für die Kreativbranche. Nach dem Staatsexamen entschied sie dann, freiberuflich kreativ tätig zu sein. Seit vielen Jahren veröffentlicht sie nun Kreativbücher zu verschiedenen Themen, entwirft Grafiken und entwickelt Produkte. Ihr Herz schlägt für die großen und kleinen Ideen, die aus Irgendetwas etwas Besonderes und Individuelles machen.

DANKE!

Ich bedanke mich wie immer ganz herzlich beim Team von Creativ Markt Butterer in Bruchsal, das mich verlässlich mit Rat, Tat, Ermutigung und Alltagserfahrung unterstützt und dafür sorgt, dass das benötigte Material der verschiedenen Hersteller rechtzeitig bereit steht! Ein besonderes Dankeschön gilt auch dem Fotografen Michael Ruder (lichtpunkt, Stuttgart), dem es wieder einmal gelang, mich mit seinen perfekten und einfühlsamen Fotografien und Lichtspielen zu begeistern.

Die verwendeten Stempel sind von den Firmen Creativ Markt Butterer, Bruchsal, und Rayher Hobby GmbH, Laupheim. Sie sind urheberrechtlich geschützt und dürfen ausschließlich zu privaten, nicht kommerziellen Zwecken verwendet werden.

TOPP – Unsere Servicegarantie

WIR SIND FÜR SIE DA! Bei Fragen zu unserem umfangreichen Programm oder Anregungen freuen wir uns über Ihren Anruf oder Ihre Post. Loben Sie uns, aber scheuen Sie sich auch nicht, Ihre Kritik mitzuteilen – sie hilft uns, ständig besser zu werden.

Bei Fragen zu einzelnen Materialien oder Techniken wenden Sie sich bitte an unseren Kreativservice, Frau Erika Noll.

mail@kreativ-service.info
Telefon 0 50 52 / 91 18 58

Das Produktmanagement erreichen Sie unter:

pm@frechverlag.de
oder:
frechverlag
Produktmanagement
Turbinenstraße 7
70499 Stuttgart
Telefon 07 11 / 8 30 86 68

LERNEN SIE UNS BESSER KENNEN! Fragen Sie Ihren Hobbyfach- oder Buchhändler nach unserem kostenlosen Kreativmagazin **Meine kreative Welt.** Darin entdecken Sie vierteljährlich die neuesten Kreativtrends und interessantesten Buchneuheiten.

Oder besuchen Sie uns im Internet! Unter **www.frechverlag.de** können Sie sich über unser umfangreiches Buchprogramm informieren, unsere Autoren kennenlernen sowie aktuelle Highlights und neue Kreativtechniken entdecken, kurz – die ganze Welt der Kreativität.

Kreativ immer up to date sind Sie mit unserem monatlichen **Newsletter** mit den aktuellsten News aus dem frechverlag, Gratis-Bastelanleitungen und attraktiven Gewinnspielen.

IMPRESSUM

FOTOS: frechverlag GmbH, 70499 Stuttgart; lichtpunkt, Michael Ruder, Stuttgart (Titelseite und alle Modellfotos); iStockphoto, M. Kucova (Seite 4); fotolia, Michaela Steininger (Illustrationen Seite 56), Rangzen (Seite 57); Fotostudio Ullrich & Co., Renningen (Schrittfotos)

PRODUKTMANAGEMENT UND LEKTORAT: Susanne Pypke

GESTALTUNG: Atelier Schwab, Handewitt

DRUCK: Finidr, s.r.o., Cesky Tesin, Tschechische Republik

Auflage: 6. 5. 4. 3. 2.
Jahr: 2015 2014 2013 2012 2011 [Letzte Zahlen maßgebend]

ISBN 978-3-7724-3886-8 • Best.-Nr. 3886